AF458023

MEMOIRES HISTORIQUES

SUR LE PAYS DE GEVAUDAN ET SUR LA VILLE DE MENDE, QUI EN EST LA CAPITALE.

POUR SERVIR AU DICTIONAIRE UNIVERSEL DE LA FRANCE.

RECUEILLIS ET DRESSEZ

Par le Reverend Pere L'OUVRELEUL, *Prêtre de la Doctrine Chrêtienne, Directeur & Professeur de Theologie Morale, du Seminaire de Mende.*

E. V. D. jacobo de vele offerebat F. Jacobus Boyer occitano occitanus

A MENDE,

Chez la Veuve de JACQUES ROY, Imprimeur de Monseigneur l'Evêque, & du College.

1726.

(2)

PREFACE.

SAint Augustin a eu raison de dire que l'Amour n'est jamais fatigué, où s'il se fatigue qu'il aime sa peine. Car je suis convaincu par l'experience, de la verité de cette remarque. En effet l'affection sincere que j'ai dans mon cœur pour la Ville de Mende, ou j'ai l'honneur d'être né, m'a fait travailler avec un sensible plaisir, à rechercher tous les Memoires Historiques qui peuvent contribuër à sa Gloire. Et ma satisfaction sera encore plus grande, si le recueil que j'en mets au jour, est agreable à mes Concitoïens. Quelque Jugement qu'ils en portent, j'aurai au moins la Consolation d'avoir voulu leur plaire, en reconnoissance de l'amitié qu'ils m'ont temoignée dans plusieurs occasions, & dont je ne perdrai jamais le souvenir.

MEMOIRES HISTORIQUES SUR LA VILLE DE MENDE.

MENDE eſt la Ville Capitale du Païs de Gevaudan, depuis que Javouls qui avoit ce Titre, a été Detruit ſelon l'opinion commune, par les Allemans, dans l'Irruption qu'ils firent au troiſiéme Siecle dans les Gaules & en cette contrée ſous la conduite de Crocus leur Roy, ou ſuivant quelques Hiſtoriens, par les Troupes de Pepin Roy de France, qui faiſoit la Guerre à Gaifre Duc d'Aquitaine, comme nous avons dit plus probablement ci-devant.

Il eſt apellé en Latin *Mimata*, ou *Mimate*, ou *Mimatum*, parcequ'il eſt bâti au pié d'une haute Montagne nommée Mimat.

Il eſt ſitüé au quarante-quatriéme degré, & à la trente deuxiéme minute de Latitude, dans un Vallon arroſé de la Riviere du Lot, qui prend ſa ſource dans la Parroiſſe de Saint Julien du Tournel à trois lieües de Mende, & aprez avoir paſſé par le Roüergue & par le Quercy va ſe jetter dans la Garonne prez de la Ville de Clerac.

Il a la figure d'un Cœur, à l'entrée duquel on voit une belle & claire Fontaine, élevée sur un pié d'Estail, à cinq Tuïaux de Bronze, qui remplissent d'eau un grand & vaste Bassin, qu'on ouvre deux fois chaque Semaine, ou tous les jours s'il est necessaire, pour netoïer les ruës, qui sont toutes dans un doux penchant.

Il y a aussi deux autres Fontaines Publiques à six Tuïaux chacune, qui donnent de l'eau en abondance; outre celles du Palais Episcopal, des maisons de quelques Chanoines, des Carmes, & de l'Hôtel-Dieu.

Il porte dans ses Armoiries d'Azur à un Soleil d'or au dessus d'un *M* Gothique.

Plusieurs anciens Historiens

font mention de Mende, ſur tout Gregoire de Tours, Fortunatus & Sidonius Apollinaris qui en Apoſtrophant lui-même ſon Poëme vingt-quatriéme, dit: qu'il paſſera par la Montagne de la Margeride, traverſera la Riviere de Troire, marchera ſur la neige du Païs de Gevaudan & verra une Ville dans un fonds bas comme un Puis, entourée de Montagnes, *ſublimemin puteo videbis Urbem.*

Tous les Geographes marquent Mende dans les Cartes Generales de la France, & dans les particulieres de la Province du Languedoc & des Sevenes.

Selon le Breviaire de Limoges, Saint Martial l'un des ſoixante & douze Diſciples de Jeſus-Chriſt, envoïé par Saint Pierre dans les Gaules,

Gaules pour y prêcher l'Evangile, a été son premier Evêque. Mais Gregoire de Tours, Tillemont, Baillet & plusieurs autres assurent qu'il n'y est venu que sous l'Empereur Dece ; Monsieur Fleuri dans son Histoire Ecclesiastique est de ce sentiment. En effet c'est une Tradiction constante authorisée par Bernard Guido Evêque de Lodeve, par belle Forêt, par Democharez & par Gregoire de Tours que Saint Fabien Pape vers le milieu du troisiéme siecle ordonna sept Evêques & les envoia dans les Gaules pour y établir le Christianisme, sçavoir Saint Gratien à Tours, Saint Denis à Paris, Saint Saturnin à Toulouse, Saint Paul à Narbonne, Saint Trophime à Arles, Saint Austremoine à

Clermont en Auvergne, Saint Martial à Limoges & dans l'Aquitaine, où il Fonda douze Evêchez, dont il Dedia quatre Eglises à la Sainte Vierge qui sont celles de Clermont, du Puy, de Mende, de Rodez; quatre à Saint Pierre, sçavoir celles de Poitiers, de Comdom, de Saintes, d'Angoulême; quatre à Saint Etienne, qui sont celles de Cahors, d'Agen, de Limoges, de Bourges. Selon la Tradition de l'Eglise de Mende Saint Severian Disciple de Saint Martial a été le premier Evêque de Gevaudan, & elle en fait tous les ans la Fête avec l'Office double le vingt-cinquiéme du mois de Janvier. Mais c'est une grande difficulté de sçavoir de quel Severian parlent les Martirologes, où il eſt dit. *In civitate Gabalis*, car ce terme peut ſignifier la Ville de Javouls Ancienne Capitalle du Gevaudan en France, ou la Ville de Gabales dans la Sirie dont l'Evêque en 401. s'apelloit Severian. Uſuard, Adon, Notker, Molanus & pluſieurs autres l'ont fait un Saint. Bollandüs le depeint comme un Homme Eloquent & une celebre Predicateur que l'Empereur Arcade faiſoit venir ſouvent à Conſtantinople pour precher devant lui; mais en même tems il le repreſente comme un Prelat de Cour, Ambitieux, Ennemi de Saint Jean Chriſoſtome, qui ſe plaignoit qu'il l'avoit trahi & perſecuté, quoi qu'il lui eut recommandé ſon Egliſe en toute confiance durant ſon Exil. Tillemont.

Baronius croïant que Severian Evêque du Gevaudan reveré dans l'Eglise de Mende étoit ce Severian Evêque de Gabale l'a effacé de son Martirologe. Bollandus au contraire veut que Severian marqué dans les autres Martiologes soit Severian Evêque de Gevaudan ; mais pour être fondé dans cette opinion, il faut prouver que l'Eglise de Mende l'a honoré avant le neuviéme siecle. Cependant le Propre des Saints dont elle se sert ne dit rien de Saint Severian, & regle tout son Office du Commun ; au lieu qu'il raconte selon une Chronique suivie & bien établie la Vie & les Miracles de Saint Privat, quoi qu'il ait été Martirisé en 262. au raport de Causabon, de Pollion, de

Baronius, de Tillemont, & qu'on ait pû sçavoir les vertus, les actions, & la mort de Saint Severian à qui il faut qu'il ait succedé immediatement, puisqu'il est trés certain que nôtre Sainte Foy n'a été prechée en France que dans le troisiéme siecle comme j'ai déja dit.

Il y a donc lieu de conclure qu'on à confondu Saint Severian avec Severian de Gabale par l'équivoque du mot de *Gabalis*, & que Saint Privat est l'Apôtre & le premier Evêque du Gevaudan, qui à reçû de lui la Religion Chrêtienne. C'est aussi pour cette raison qu'il l'a toûjours reconnu pour son unique Patron.

Gregoire de Tours, Guido, Surius, Fortunat, Adon, Bede,

parlent avec Eloge de ce Glorieux Martir, qui est le Titulaire de quantité d'Eglises des Provinces Voisines.

Selon l'Histoire Chronologique de la France Chrêtienne les plus Illustres Prelats aprés Saint Privat sont les nommez ci-aprés.

Saint Firmin qui mourut dans le quatriéme siecle & dont les Reliques Miraculeuses reposent dans l'Eglise de Saint Martin du lieu de Banassac Contigu à la petite Ville de la Canourgue.

Valere qui écrivit avec plusieurs autres Evêques au Pape Saint Leon le Grand en 451. une Lettre Sinodalle.

Saint Hilaire qui assista au premier Concile d'Auvergne & au second d'Agde en 535. sous le

Regne de Childebert. Son sacré Corps est exposé derriere le Grand Autel de l'Eglise Roïalle de Saint Denis prés de Paris, où il fut porté de Toulouse par ordre du Roy Dagobert, selon Bernard Guido.

Gregoire de Tours dit qu'il alla à la Montagne d'Aubrac pour detourner les Païens des impies superstitions, qu'ils faisoient sur le bord du Lac, qu'on nomme à present de Saint Andiol.

Saint Ilere ou Isere qui consacra à Dieu en 620. la Vierge Sainte Enimie Fille de Clotaire second, Roy de France, & Sœur de Dagobert, dans le Monastere qu'elle avoit fait bâtir au lieu ou est à present la petite Ville de son Nom.

On revere son Corps dans

une Chapelle dediée à son Nom de l'Eglise Roïalle de Saint Denis.

Saint Frezal qui mourut sous le Regne de Loüis le Pieux, & qui avoit resîdé à la Canourgue, où il est honoré dans une Eglise qui lui est consacrée.

Le Venerable Raymond qui en 1036. accompagné de son Clergé porta au Puy, le Corps de Saint Privat en Procession, pour apaiser une Guerre civile allumée entre les Habitans de cette Ville.

Aldebert de Peyre qui en 1060. donna du consentement de son Chapitre l'Eglise de Saint Martin de la Canourgue & ses revenus à l'Abaïe de Saint Victor de Marseille, & Fonda avec son Frere Baron de Peyre le Monastere de Saint

Histoire de la France Chrétienne.

Saint Sauveur prés du Bourg de Chirac, où il apella des Moines de Saint Victor.

Aldebert de Peyre ſecond qui ceda dix & ſept Prieurez de ſon Dioceſe à ſon Chapitre, pour leur faire embraſſer la regle des Chanoines Reguliers de Saint Auguſtin, ſelon la Bulle du Pape Caliſte ſecond de l'année 1123.

Aldebert du Tournel ſur nommé le Venerable, qui le premier Evêque de Mende à reconnu au Roy Loüis le Jeune, que le Gevaudan eſt du Roïaume de France, par l'hommage qu'il lui en fit pour avoir ſa protection contre les plus Puiſſants Seigneurs du Dioceſe & leurs Voiſins, qui s'étoient liguez contre lui, Jaloux de ſon autorité Souveraine.

Ce Prince lui confirma en 1161. la haute Seigneurie de ce Païs avec tous les Droits de Regale & de Souveraineté, & à ses Successeurs par une Patente Autentique, apellée la Bulle d'or, qu'il lui donna avec un sceptre d'or, qu'on portoit depuis dans les processions aux jours solemnels.

C'est ce Prelat qui a fait bâtir les murailles de Mende flanquées de plusieurs grosses & fortes Tours, munies de Fausses brayes, & de fossez profonds qu'on peut remplir d'eau en deux jours, avec les quatre entrées de la Ville, fortifiées de Ravelins, aïant chacune d'espace en espace trois portes separées, dont la seconde à un pont levis, & la troisiéme une herse. Voici le sujet qui le poussa à cette entreprise.

Lorsqu'il fut élû Evêque de Mende, trois Seigneurs sçavoir de Dolan, de Caprieres, de Canilhac, qui y residoient & avoient divers fiefs dans le Gevaudan, ne furent pas contents de son Election ; s'étant liguez ensemble pour l'inquieter aussi bien que sa Famille dont ils voioient la prosperité avec des yeux de jalousie, ils firent bâtir chacun une maison aux trois Angles de l'Eglise Cathedralle, & ils affectoient de s'assembler tantôt avec de la Cavallerie tantôt avec de l'Infanterie ; de sorte qu'Aldebert étoit comme prisonnier dans son Palais qui étoit au quatriéme Angle. C'est pourquoi aïant formé le dessein de se delivrer de tels Voisins, il vendit son patrimoine, & par la mediation de ses amis il acheta leurs maisons qu'il fit raser aussi-tôt ; ensuite il emprunta de l'argent, & pour être maître de la Ville il l'a fit entourer des murailles qui l'a renferment. Il fit bâtir le Château de Capieu à une lieüe de Mende, & y mit une garnison pour defendre les avenuës de cette Ville, entre les chemins de Nîmes, & de Villefort.

Etienne premier a qui le Roy d'Arragon comme Seigneur de Montpellier rendit hommage en 1225. pour le Château de Greze & quelques autres Fiefs qu'il possedoit dans le Gevaudan.

Odilon du Tournel qui transigea avec Saint Loüis en 1265. pour le Château & les Fiefs mentionez que le Roy d'Arragon avoit échangez avec ce Prince. Il fit bâtir le Château de Balsieges & ceda au Chapitre pour le prieuré de cette Eglise, les prieurez de la Champ & de Saint Martin de Camp Selade.

Guillaume Durant premier, Prelat fort renommé pour son érudition, qui avant que d'être élu Evêque de Mende, avoit été Legat du pape en Ombrie. Il composa en 1286. le Rational des Offices Divins divisé en trois Tomes, & le Livre Intitulé le miroir du Droit. Il assista au Concile de Lyon, & mourut à Rome ou le pape Boniface VIII. l'avoit apellé.

Guillaume Durant second, Neveu du premier, qui en 1306. fit

avec le Roy Philippe le Bel un pariage pour la Comté du Gevaudan & pour les Droits Roïaux qui subsiste encore : assista au Concile de Vienne en 1311 : & fit des Commentaires sur les trente & un Canons qu'on y avoit publiez. Il chassa les Juifs de Mende, & fonda sur le sol de leur Sinagogue un College de neuf prêtres sous l'Invocation de tous les Saints.

Albert Lordety né à Chirac qui fonda le College de Saint Lazare en 1344.

Guillaume Grimoald de Grisac, né en Gevaudan dans le Château de Montferrand apartenant alors à la maison de Grisac dont il étoit, lequel aprés avoir été Moine Benedictin, Abbé de Saint Germain d'Auxerre, ensuite de Saint

Victor de Marseille, fut élû Pape étant absent par les Cardinaux 1362, & prit le nom d'Urbain V. Il aimoit si fort l'Eglise de Mende, que son affection paternelle le porta à transferer Pierre Gerard qui en étoit Evêque, au Siege Episcopal d'Avignon, & à la tenir à sa main, la gouverner par des Vicaires, & emploïer tous ses revenus pour bâtir une Eglise plus vaste & plus magnifique que l'ancienne. Quand elle fut achevée, il y envoïa par un de ses Aumoniers une des Epines de la couronne de nôtre Sauveur, que la figure d'or d'un Ange portoit devant son sein, la tête de Saint Blaise enchassée dans un Buste d'argent, deux Calices, l'un d'or enrichi de pierres precieuses, &

Archives du Chapitre.

l'autre de Vermeil, des rares Ornements de toutes les couleurs, cinq paremens de drap d'or, une Crosse & une Mitre un encensoir d'or, une Figure d'Argent de la Sainte Vierge, une Chasse pleine des Reliques de divers Saints ; le Roy Charles V. eut toûjours pour lui un respect singulier. Ce Souverain Pontife fonda le Chapitre de l'Eglise de Quezac où l'on revere une Image Miraculeuse de nôtre-Dame, celui de l'Eglise de Bedoez ou son Pere & sa Mere sont inhumez, le College des Benedictins de Saint Martial d'Avignon, le Monastere de Saint Pierre de Montpellier du même Ordre, dont l'Eglise est à present la Cathedralle, un College dans cette Ville pour y entretenir douze ze Ecoliers de Medecine, de la Ville ou du Dioceſe de Mende, un Recteur, un Sindic, trois Valets; mais aprés ſa mort ſon Frere le Cardinal Anglicus Evêque d'Albanie voïant que le revenu avoit diminuë par divers accidents, reduiſit le nombre des étudiants à huit qui ſont nommez par l'Evêque de Mende, & même quand il y en a moins de huit, les places ſont données à des Ecoliers du Droit. On lit ſur le portail de ce College ces deux Vers.

Felices Medici vigeant quos
Papa Creavit,
Vrbanus Quintus, qui Mi-
matenſis erat.

Il érigea avec l'agrement du

D

Roy la Seigneurie de Bedoez en Principauté ; d'où vient qu'elle est exempte des Tailles & qu'on l'apelle la Terre franche. Il mourut à Avignon en odeur de Sainteté ; son Corps fût porté selon ses ordres à l'Abaïe de Saint Victor de Marseille, & Dieu à fait plusieurs Miracles à son tombeau.

L'auteur de sa Vie raporte qu'il étoit venu au monde sans yeux, & que Saint Elzear son Parain pria Dieu tandis qu'on le Baptisoit avec tant d'éfficace de lui donner la vüe, qu'il l'a reçût & l'eut toûjours fort bonne.

Guillaume de Chanac né à Mende, qui étant Abé de Saint Florent de Saumur fut élû Evêque de Chartres, & aprés la mort d'Urbain V. Evêque de Mende en 1374. enſuite nommé Cardinal par le Pape Gregoire XI. Aïant ſuccedé à ſon Frere Seigneur de Chanac, il laiſſa en mourant tous ſes bïens à l'Egliſe de Mende, & il fut Inhumé dans celle des Dominiquains d'Avignon en 1394. Il étoit Neveu de Bertrand de Chanac Evêque de Paris, Patriarche d'Alexandrie, decedé à l'âge de cent ans. Il avoit enſeigné à Paris le Droit Canonique.

Bompar Virgile né à Mende, qui fonda deux Chapelles dans la Cathedralle, & Inſtitua ſon heritiere l'Univerſité des Prêtres & des Clercs qui y ſont agregez ſous le Nom du Clergé, en 1376. ſes biens furent eſtimez 25000. florins d'or.

Jean d'Armagnac de l'Illustre maison des Ducs de ce nom qui prêta serment de fidelité au Roy en 1389.

Robert qui en 1404. Transigea avec son Chapitre sur la maniere de conferer les Chanoinies & les Prebendes de la Cathedralle, comme aussi avec le Baron du Tournel pour le Droit de porter le Dais au jour de la Fête du Saint Sacrement, & pour l'obligation de fournir le luminaire. La premiere de ces deux Transactions n'est pas executée, il y en a une plus recente.

Pierre Riaire né à Savone en Italie d'une Famille Noble, Cordelier Conventüel, Neveu du Pape Sixte IV. Cardinal & Patriarche de Constantinople, qui en 1473. fut élû Evêque de Mende, & enſuite Legat dans toute l'Italie. Il mourut à Rome âgé ſeulement de vingt-huit ans en 1474.

Julien de la Rouveré né à Savone en Italie, Cardinal, Neveu du Pape Sixte IV. Frere de Barthelemi, Archevêque de Ferrare & Patriarche d'Antioche, qui fut transferé de l'Evêché de Carpentras à celui d'Avignon, & de la au Siege Epiſcopal de Mende. Il fut Legat à Bologne, puis à Avignon, & enfin monta au Trône du Souverain Pontificat, en 1503. ſous le nom de Jules ſecond.

Hiſtoire de la Frãce Chrêtienne.

Clement de la Rouveré ſurnommé le Gros, Cordelier Conventüel, qui fut pourvû de l'Evêché de Mende par le Pape Sixte IV. son Oncle Maternel, nommé Cardinal, & mourut peu de tems aprés en avoir pris possession par procureur. Il avoit fait Bertrand Aldegueri Cordelier, Curé d'Arzenc & son grand Vicaire en 1488.

Il avoit été dispensé par le Roy du serment que les Evêques de Mende avoient accoûtumé de faire aux Habitans de deffendre & conserver les Droits du Consulat.

François de la Rouveré Frere de Clement & son successeur en l'Evêché de Mende & en l'Abaïe de Bonne Combe, fit bâtir une nouvelle Eglise Cathedralle, plus grande & plus belle que celle qu'Urbain V. avoit fait construire cent cinquante ans auparavant;

il l'a decora de deux Clochers de pierre taillée tirée à Chanturüege d'une Architecture & d'une hauteur admirable. Il mit dans l'un douze Cloches, & dans l'autre deux, dont la premiere peſoit cinq cents quintaux, & avoit un ſon ſi brüiant qu'on l'apelloit la nompareille. La ſecond étoit auſſi d'une groſſeur extraordinaire, & du poids de trois cent quatre vingts quintaux. Il deceda à Rodez & voulut être Inhumé en la Chartreuſe de Ville-Franche de Roüergue.

Claude du Prat Fils naturel d'Antoine du Prat Chancelier de France, qui fut le premier Evêque de Mende nommé par le Roy, aprés le Concordat paſſé entre le Pape Leon X. & François premier malgré les opoſitions du Chapitre, qui avoit élu Bertrand de Cenaret ſon Prevôt.

Jean de la Roche Foucaut Fils de François, Prince de Marcilhac, qui deceda dans le Couvent des Cordeliers de Mende.

Adam de Hurtelou Grand Vicaire de Meſſire Reynaud de Beaune Evêque de Mende, & Chanoine de cette Cathedralle, qui lui ſucceda par la nomination du Roy, que ce Prelat avoit obtenuë, aprés que Sa Majeſté lui eut donné l'Archevêché de Bourges. La memoire de Meſſire Adam de Hurtelou eſt en veneration par raport à ſon zele pour la converſion des Heretiques, & à ſa charité trés-liberale envers les pauvres qui le nommoient le bon Evêque.

Il

Il aſſiſta au Concile de Bourges, & il fit rebâtir l'Egliſe Cathedralle que les Calviniſtes avoient demolie en 1580, emploïant à cette reparation dix mille piſtoles conjointement avec le Chapitre & le Clergé. Il fit ſon Coadjuteur Meſſire Charles de Rouſſeau qui étoit ſon Neveu & ſon Grand Vicaire. Sa mort arriva en 1609. il eſt Inhumé dans le Presbitere de l'Egliſe Cathedralle.

Charles de Roiſſeau Neveu d'Adam de Hurtelou, Prevôt de la Cathedralle, & Prieur Commendataire d'Iſpagnac, qui aſſiſta à l'Aſſemblée Generale du Clergé à Paris 1614, rétablit la Diſcipline Eccleſiaſtique dans ſon Dioceſe, regla l'Office ſelon le Decret du Concile de Trente, du conſentement de son Chapitre, Fonda le Couvent des Capucins de Mende, & consacra l'Eglise Cathedralle nouvellement achevée le 10. Octobre 1620.

Silvestre de Marcillac qui fut toûjours l'Ennemi des Heretiques, les chassa des Châteaux dont ils s'étoient saisis, fit demolir tous leurs Forts par ordre du Roy en 1629, établit les Capucins à Florac pour faire la Mission aux Sevenes avec plusieurs autres Religieux, qui convertirent quatre cents Huguenots, deux Ministres & quelques Gentilshommes Il fit rebâtir les Eglises qu'ils avoient detruites, leur ôta les Cimetieres qu'ils avoient enlevez aux Catholiques, fit une visite generale de tout son Diocese, où

Archives du Chapitres.

depuis deux cents ans aucune n'avoit été faite, fonda les Religieuſes Urſulines à Mende pour inſtruire les jeunes Filles, fit preſent à ſa Cathedralle du grand Tableau du Maître Autel, & de l'Orgue magnifique qu'on y voit, fit bâtir à ſes depens le Pont de Quezac, contribua à la conſtruction de deux autres Ponts qui ſont aux avenuës de Mende, l'un vers le Levant, l'autre vers le Couchant ; c'eſt lui qui a évincé & recouvré la plus grande partie des revenus de l'Evêché que Merle Chef des Heretiques avoit alienez, & qui en a retabli les Droits. Ce fut auſſi par ſes ſoins & par ſes liberalitez qu'on rebâtit l'Egliſe Collegialle de Marüejolz, que les Calviniſtes avoient demolie.

Hiacinthe Serroni né à Rome, Religieux trés-sçavant de l'Ordre de Saint Dominique, qui étant venu en France avec le Cardinal de Sainte Cecile Frere du Cardinal Mazarin Ministre d'Etat, fut nommé Evêque d'Orange, assista de la part du Roy au Traité de la Paix des Pirenées, & ensuite transferé à l'Evêché de Mende, où pendant quinze ans il à rempli les devoirs de son Ministere. Il prechoit châque année trois fois, le jour de Saint Privat, le jour de Saint François de Sales, & le jour de son Sinode, qu'il tenoit tous les ans. Quelques Mutins s'étant atroupez dans le Vivarais pour y exciter une revolte contre le Roy au sujet d'un subside imposé, il leva dans son Diocese en qualité

Selon les Temoins qui sont encore en Vie.

de Comte du Gevaudan un Regiment de huit Compagnies, qu'il envoia contre eux avec ſuccez. En reconnoiſſance de ce ſervice Sa Majeſté lui donna l'Abaïe de la Chaiſe-Dieu, & quelque tems aprés l'Archevêché d'Alby. Il fonda auparavant le Seminaire & le College de Mende, qu'il confia à la Direction des Prêtres de la Doctrine Chrêtienne. Il fit bâtir l'Apartement qui eſt ſur la porte du Palais Epiſcopal, & celui ou eſt la Sale des Etats, auſſi bien que celui du Jardin de l'Evêché ou eſt la Chapelle. Il fit faire le Retable du grand Autel de la Cathedralle.

François Placide de Baudry de Piencourt, Docteur de Sorbonne, Abé Regulier de l'Abaïe de la

Selon les Temoins qui ſont encore en Vie.

Croix en Normandie, qui durant trente ans de son Episcopat fut un exemple de vertu & d'affection pour son Diocese, dont il secourut toutes les Paroisses par ses Aumônes dans le tems d'une Famine generale. Il fit faire les Tapisseries de haute Lice du Chœur de la Cathedralle, les Stalles, le Trône Episcopal, les grilles de Fer des trois entrées, le Lutrin de Leçon, la figure de Moïse, le grand Crucifix planté au milieu de l'accoudoir du Jubé, les deux Chapelles qui sont au dessous, le grand Escalier de l'Evêché, les trois belles Chambres du second cours, la Galerie, & la Chapelle qui regarde dans la Cathedralle, les trois jets d'eau du Jardin superieur, l'Escalier, les Balcons, & l'entrée du Château de Chanac, la Chapelle & un des apartements de l'Hôpital, le grand chemin qui traverſe le pré Vival, des priſons moins affreuſes que les Anciennes, le petit apartement qui eſt à l'entrée du Couvent des Capucins. Il fonda les petites heures & un Anniverſaire dans ſon Egliſe, les Freres des Ecoles gratuites, les Sœurs du même Inſtitut, quatre places dans ſon Seminaire pour autant de pauvres Eccleſiaſtiques, un Profeſſeur de Theologie; il contribua à la plus grande partie de la reparation de la même maiſon aprés ſon incendie, & il lui donna ſa Bibliotheque par ſon Teſtament. Il nourrit pluſieurs familles Catholiques des Sevenes qui s'étoient retirées à Mende pour fuir les cruautez des Camisards. Il envoia ensuite des Missionaires dans ce Païs ravagé, quand on en eut chassé ces rebelles. Il fit rebâtir les Eglises brûlées, & les maisons des Curez detruites. Il alla à Paris pour deffendre son Eglise contre la Regalle, dont elle est exempte par la Bulle d'or ci-dessus mentionnée. Il assembla tous les ans son Sinode General, & il visita tout son Diocese plusieurs fois. Il Institua l'Hôtel-Dieu en mourant son heritier universel, & lui donna son cœur, qu'on mit dans une petite urne enchassée dans la muraille du presbitere de la Chapelle. Son corps git au pié des degrez du grand Autel de la Cathedralle.

PIERRE

Pierre de Baglion de la Salle qui étant Archidiacre de Poitiers, Abé de Bonnevaux, & depuis vingt ans grand Vicaire de Monſeigneur de Poitiers ſon Oncle fut nommé à l'Evêché de Mende, où il a fait paroître beaucoup de Religion & de ſageſſe. Il a procuré l'établiſſement de deux Foires à cette Ville, pendant la derniere peſte il ne voulut pas quitter la Ville, où il commença le premier à celebrer la Meſſe dans les ruës, y donna ſes ſoins pour maintenir le bon ordre, s'expoſa ſans crainte avec toute ſa maiſon pour le ſecours de ſon peuple & de ſon Diocéſe que Meſſire Dangles ſon Grand Vicaire & apreſent Prevôt de la Cathedralle parcouroit ſelon ſes inſtrutions. Il avoit intention de faire en faveur de son Eglise plusieurs bonnes œuvres, sur tout de lui donner une Cloche plus grosse qu'aucune qu'elle ait, dont il avoit déja fait preparer la matiere, mais surpris par la mort il n'a pû l'exécuter. Il étoit souvent tourmenté de la goute, & il souffroit ce cruel mal avec une patience édifiante, il étoit de Lyon d'une trés-Noble & Ancienne Famille, Originaire de Perouse en Italie, d'où le Roy François premier mena en France l'un de ses Ayeuls & lui donna le Gouvernement du Lionnois avec la permission d'ajouter trois fleurs de Lis à ses Armes.

MONSEIGNEUR GABRIEL FLORENT DE CHOISEUL DE BEAUPRE', qui a été Transferé de l'Evêché de Saint Papoul à celui de Mende, où il est arrivé depuis quelques mois; Dieu veüille nous le conserver long-tems c'est tout ce qu'il m'a permis de dire de lui.

Les Evêques de Mende n'ont pas eu de tout tems leur Siege dans cette Ville, car aprés la destruction de Javouls il fut transporté à la Canourgue qui a pris son Nom à Canonicis, des Chanoines qui y suivirent leur Prelat, & ou ils ont resîdé pendant deux siecles, comme il paroit par les Legendes de Saint Firmin & de Saint Frezal qui y sont morts & y reposent. Mais ils établirent leur demeure à Mende sous le Regne de Loüis le pieux Fils de Charlemagne.

Archives du Chapitre & Prieure de la Canourgue.

En 840. Agenulphe se disoit encore Evêque du Gevaudan en 876, & Raymond est le premier qu'on trouve s'être qualifié Evêque de Mende en 1032. dans le Concile de Limoges.

Les Evêques de Mende en leur premiere entrée dans cette Ville reçoivent des Heritiers de la Noble maison de Montioloux un Hommage assez singulier, & trés-Ancien, comme il paroit dans un Acte du second jour du mois d'Octobre 1485, ou Jaques de Corsac Damoiseau, Habitant de Mende & Seigneur de Montioloux exposa à Reverend Pere en Christ Clement de Rouveré par la Grace de Dieu Evêque de Mende Comte du Gevaudan, qu'il le requeroit humblement de daigner lui permettre d'exercer en sa premiere entrée dans cette Ville, la même Fonction que ses Ancetres avoient accoûtumé de faire dans celle de ses Predecesseurs, sçavoir de prendre par la main à son pié droit la bride du Cheval sur lequel il étoit monté pour le conduire depuis la Chapelle de Saint Jean l'Evangeliste bâtie hors des murailles de la Ville, jusqu'au devant de la maison de Jean Escalen, située dans le Pan de Clastre au bout de la Place, la premiere qui est sous les Voutes du Palais Epicopal.

A quoi le dit Seigneur Evêque aïant consenti, il se laissa mener en la maniere susdite par Noble Jaques de Corsac, & aprés qu'il fut descendu du cheval blanc sur lequel il étoit entré dans la Ville, le dit Conducteur s'en saisit en disant : *Aqueste Chaval m'apparté per la Nouvella Intrada de Mouseignour* ; cet Acte fut signé par puissant-homme Charles de Pontfort Comte d'Alais, François Allemand Chanoine de Mende, & Prieur de Sainte Enimie, Gerard de Cayssac Prieur & Seigneur de Langogne, Raimond Frezal Doyen du Chapitre de Marüejolz, Jean de Chapellu Seigneur de la Vigne, Godefroy de Pinet Ecuyer.

Le possesseur de la Maison dont nous avons parle ci-devant est obligé de rendre aussi Hommage à l'Evêque de Mende, quand il fait son entrée dans la Ville pour la premiere fois ; c'est de le recevoir dans ſa Boutique aprés qu'il eſt deſcendu de cheval, & de lui ôter les Eperons des piés en diſant: *Aqueſtes Eſperous ſoun mioux & m'apartenou commo al Meſtré d'aqueſté Houſta.*

L'Egliſe de Mende eſt compoſée de deux Corps, dont l'Evêque & le Chapitre forment le premier & l'Univerſité des Beneficiers le ſecond en 1123, elle embraſſa l'Inſtitut regulier des Chanoines de Saint Auguſtin, par la permiſſion de Guillaume Durant 2[d]. qui en étoit Evêque, que le Pape Calixte ſecond confirma par une Bulle dattée du premier Avril de la cinquiéme année de ſon Pontificat. On ne ſçait pas préciſement en quel tems elle fut Seculariſée. Mais on infere d'un procez Verbal de 1388, qui est dans les Archives du Chapitre, que la Secularisation fut accordée par le Saint Siege environ 1240, c'est-à-dire aprés cent trente ans à peu prés de regularité, parce que l'Evêque du Puy avoit demandé au Pape en qualité de Vicaire né de l'Eglise de Mende, par une suplique de 1230, le retablissement de l'état Seculier.

Le Chapitre à quinze Chanoines & deux Dignitez sçavoir un Prevôt, un Archidiacre, & un Personat qui est le Precenteur. Les Rois de France sont Chanoines d'Honneur de l'Eglise de Mende, & Charles VI. prend cette qualité dans une procedure.

L'Université des Prêtres & des Clercs de la Cathedralle est trés-

Ancienne

Ancienne puisque Saint Veran qui vivoit en 560, avoit été parmi eux. Leúr nombre étoit monté jusqu'à cent soixante, mais la peste en aïant fait mourir plus de la moitié en 1374, ceux qui resterent en Vie obtinrent une reduction par une Bulle du Pape Urbain VI. dattée de l'année 1388. malgré les opositions du Chapitre, lequel dans la suite du tems à consenti à l'augmentation de leur Communauté, en accordant l'entrée au Chœur aux Prêtres de divers Colleges Fondez auparavant & aprés, qui joints avec les Chanoines font le nombre de cent Beneficiers obligez à resider dans la Cathedralle.

Archives du Chapitre.

Le Chapitre avoit autrefois autres deux Dignitez mentionnées un second Personat apellé Sacristain, qui precedoit les autres Chanoines. Mais ce Benefice fut uni à la Table Capitulaire du consentement du Sieur Privat Robin dernier possesseur 1437, par une Bulle du Pape Martin V.

Le Chapitre dans ses Armoiries porte d'or à cinq paux de gueule en reconnoissance des bienfaits qu'il a reçû de Pierre second Roy d'Arragon & Comte de Barcelonne, qui avoit quelques Fiefs dans le Gevaudan, & dont le Blason étoit le même. D'où vient que le Chapitre à de beaux Droits dans le Diocese.

L'Université des Beneficiers à pour ses Armes, d'or à trois paux de gueule, & en chef trois Tresles, qui étoient celles de Messire Bonpar Virgile leur bien-faiteur, dont j'ai parlé, & qu'on à changé en trois fleurs de Lis.

Il y avoit Anciennement dans l'Eglise de Mende une si grande quantité de Saintes Reliques, qu'on en auroit peu charger trois Charettes, selon l'expression d'un Memoire conservé dans les Archives du Chapitre. Les Principales étoient une touffe des Cheveux de la Glorieuse Vierge Marie, le Corps de Saint Privat, de Saint Corisius, une partie de ceux de Saint Marc & Marcellin Freres, & de celui de Saint Julien Martir. Mais toutes ces Reliques avec celles que le Pape Urbain V. avoient données, comme j'ai dit ci-devant, furent brûlées par les Calvinistes aprés qu'ils se furent ren-

Archives du Chapitre.

dus maîtres de Mende. On ne peut retirer de cette criminelle incendie que la Figure de la Sainte Mere de Dieu, qui est au milieu du grand Autel de la Cathedralle, & devant laquelle le Sacristain étoit obligé par un Acte du 1314, de faire brûler jour & nuit un cierge. Ce qui prouve l'Antiquité de cette Image.

Guillaume Durand dans son Rational des Offices Divins apelle l'Eglise de Mende, Sainte & Illustre, parcequ'elle est une des plus Anciennes des Gaules. On à tiré de son sein plusieurs Evêques, & depuis le commencement de ce Siecle deux de ses Archidiacres ont été nommez succesivement l'un à l'Evêché du Puy, & l'autre à celui de Vabres.

La Ville de Mende à donné aussi Guillaume de Chanac au College des Cardinaux, deux Evêques à sa Cathedralle sçavoir le même Guillaume & Bompar Virgile, un autre à Rodez nommé Caston, un autre à Condom apellé Bernard Allemand qui Fonda la Chapelle de Condom & fit present à l'Eglise de Mende dont il avoit été Chanoine d'une Figure d'argent de la Tête de Saint Jean Chrisostome, d'une trés-riche Croix, d'un Pluvial magnifique. Elle à produit encore Messires Poulverel & Delestang qui ont été Evêques l'un d'Alet & l'autre de Carcassonne; Guillaume du Villeret & Foulques son Frere tous deux successivement Grands Maîtres de l'Ordre de

Archives du Chapitre.

Saint Jean de Jerusalem. Le premier se trouva à la Conquête de l'Isle de Rhodes. Le second Fonda dans la Cathedralle de Mende l'Office qu'on y fait au Jour de Sainte Magdelaine. Une des branches de la maison de Rets est emptée dans leur Famille par une Femme, en laquelle leur Race fut éteinte.

Mais cette Capitalle du Gevaudan à eu le malhenr deux fois d'être livrée à l'impieté & à la cruauté des Heretiques Calvinistes. En 1562. une troupe de ces Rebelles fort nombreuse attaqua cette Ville, & n'aïant pû y entrer par la resistance des Habitans, ils pillerent & demolirent le Couvent des Cordeliers Fondé par Saint Antoine de Padoüe aux depens des huit Barons du Gevaudan dont les Armoiries sont au dessous du Portail de l'Eglise, & les Tombaux au tour du parvis. Ils raserent aussi celui des Carmes établi depuis quatre cents ans selon plusieurs Actes, parcequ'ils étoient l'un & l'autre hors des murailles de la Ville.

Le Roy informé des attentats de ceux qui avoient embrassé l'Heresie, fit des Edits Severes, mais au lieu d'y obeïr, ils devinrent plus insolents, plus obstinez dans la nouvelle Secte, & plus hardis à en augmenter le progrez. Il est vrai que l'Apostasie de plusieurs Grands Seigneurs de la Cour les anima à continuer leurs pillages, & leurs massacres, particulierement dans la Guienne &

Archives du Païs.

dans le Languedoc, ou la rebellion avoit déja éclaté. Ainsi il se forma dans le Perigord, dans le Quercy vers Saint Ceré, & dans le Roüergue aux environ du Bourg de mur de Barrez, un parti de cinq à six cents Seditieux qui eut pour Chef le nommé Mathieu Merle homme determiné & cruel, Fils d'un Cardeur de Nimes. Cette troupe forcenée entra dans le Gevaudan en 1574, & y jetta la terreur par les Brigandages qu'elle faisoit le long de sa route. Elle se presenta devant Marüejolz, qui est la seconde Ville du Diocese, & elle ne trouva aucune difficulté a y entrer, car on lui en ouvrit les portes. Aprés y avoir exercé des cruautés & de Sacrileges horribles le Capitaine Merle forma ma le deſſein de ſe rendre maître de Mende, & ne ſe croïant pas aſſez fort pour y reuſſir, il corrompit par ſes Emiſſaires, par ſes menaces, par ſes promeſſes, par des ſommes d'argent le troiſiéme Conſul apellé Bonicel qui en gardoit les Clefs. De ſorte que ſuivant la convention faite entre eux ce Traitre laiſſa une des Portes de la Ville ouverte la nuit de Noël 1579, & que Merle s'étant jetté avec ſes Gens dans la rüe qui mene à la Cathedralle ſi-tôt que la groſſe Cloche ſonna l'élevation de la Sainte Hoſtie, il alla ſe ſaiſir des trois entrées de cette vaſte Egliſe, où il tüa & fit tüer toutes les perſonnes qui en ſortirent aprés la Meſſe. En même tems il commanda le pillage, dans lequel trois ou quatre cents Habitans furent massacrez, par la brutalité de deux de ses Officiers nommez la Peyre & Montrolas, qui s'acharnerent particulierement sur les Ecclesiastiques, parmi lesquels Sieur Guillaume Certain Chanoine & Jean Rossaut Beneficier furent brûlez, Sieur Pierre Chaptail Prieur de Bonneval fut vivant à demi écorché. D'autres Prêtres souffrirent l'amputation des membres les plus sensibles, d'autres furent enterrez vivants dans des Fossés, qu'ils avoient été contraints de creuser eux mêmes, d'autres exposez tout nûs à l'air froid de l'hiver, d'autres enfermez dans des Caves, jusqu'à ce qu'ils eussent païé une rançon.

Ces Scelerat firent perir en cette occasion presque la moitié du Clergé, ils mirent en prison ceux qui avoient échapé à leur Barbarie, sans vouloir leur laisser prendre des aliments, qu'ils n'eussent resigné leurs Benefices à ceux qu'ils leur nommoient, & de qui ils avoient reçû de l'argent. Ils firent aussi prisonniers tous les Habitans qui s'oposoient au pillage de leurs maisons, ou qui refuserent de païer les sommes qu'ils demandoient.

Ce fût durant ces violances & ces vexations que Loüis de Boisverdun Seigneur de Chazaux & Bailif de la Ville, étant environné de ces voleurs qui ne pouvoit souffrir ses justes remontrances, se defēdit contre eux l'épée à la main,

Selon les Memoires des Archives de la Ville.

& se faisant jour tuër alloit Merle qui étoit à leur tête, lorsqu'il embarrassa le talon de son Soulier dans la grille d'une cave le long du pave, à la ruë d'Aygue-passes tomba à terre, & fut aussi-tôt percé de divers coups, dont il mourut au même endroit. Mais autant que le perfide Bonicel s'étoit rendu ôdieux, ce Gentilhomme fut regretté de tout le monde.

Il avoit été dans sa jeunesse Page du Duc de Montmorenci, puis Capitaine d'Infanterie; il avoit Epousé une Fille de la maison de Clamouse, de laquelle il eut Robert de Boisverdun qui fut Pere de cinq Filles, ainsi sa Race fut éteinte.

Cette prise de Mende avoit été predite par Michel Nostradamus

Prophete & Aſtrologue de Salon en Provence dans la Centurie quatriéme au Quatrain 44. ainſi.

Dau Cros de Mende, de Rodez,
& Milhau,
Cahors, Limoges, Caſtros, Malo
Semano.
De Nuech l'Intrado, de Bourdeaux Lou Caillau,
Per Perigord au Toc de la Campano.

Dans le tems que cela arriva le Prince de Condé ſe revolta en Guienne.

Merle non content d'avoir ſaccagé les principales maiſons de Mende, celles des Chanoines & le Palais Epiſcopal, il enleva tous les Vaſes Sacrez d'or & d'argent, toutes les Chaſſes des Reliques,

Selon une Requête Preſentée au Roy par le Sindic du Clergé du Dioceſe.

tous les Joyaux, tous les ornements, toutes les Tapisseries de Soïe enrichies d'ouvrages d'or & d'argent, toutes celles de haute Licé figurées en Histoires, tous les Linges qu'il trouva dans la Cathedralle, & ensuite il la fit renverser jusqu'à rez de terre. Il vouloit même faire abâtre les deux Clochers, mais l'a Taxe considerable qu'on lui promit l'en empecha. Cependant comme s'il eut été un Conquerant, il se fit aporter du grand la Cloche extraordinaire qu'on apelloit la nompareille parcequ'elle pesoit cinq cents quintaux aïant dix piés de Diametre, avec une autre du poids de 380. & il les fit brizer en sa presence. Il fit demonter pareillement 12. Cloches qui étoient dans le ſecond Clocher, huit qu'il y avoit dans celui de la Paroiſſe, les Benitiers de Bronze de toutes les Egliſes, & aprés avoir ramaſſé tout ce metail il le fit fondre pour en faire deux gros Canons, du Calibre du Roy, quantité de coluvrines, pluſieurs autres pieces d'artillerie. Pour avoir proviſion de boulets il remit aux Fondeurs les marmites, les chauderons & les autres vaſes de Leton & de cuivre emportez des maiſons ſaccagées. Enfin il exerça dans Mende une tirannie ſi violente pendant dix-huit mois & onze jours, que la Nobleſſe d'Auvergne, du Velai, du Vivarez & du Gevaudan s'étant aſſemblée à Chanac pour deliberer ſur le moien de ſe deffaire d'un ſi cruel

Selon l'Hiſtoire de France par Mezeray.

Ennemi, les Chefs qui étoient le Baron de la Tour Saint Vital & le Baron d'Apcher lui envoierent un Trompette pour le sommer de rendre la Ville de Mende & de se retirer, s'il ne vouloit être Assiegé. Mais il leur répondit, qu'il les defioit d'exécuter leurs menaces, & que s'ils y manquoient il ne manqueroit pas d'aller à eux un certain jour qu'il leur marqua. Ils prirent ce defit pour une gasconade. Mais il tint sa parole, & au jour assigné il courut pendant la nuit à Chanac, en petarda les portes, leur donna une vigoureuse Camisade, & finit son expedition par une glorieuse retraite, emmenant deux cents beaux chevaux qu'il avoit enlevez, & que leurs maîtres racheterent quelque tems aprés.

Enflé

Enflé de cet avantage il prit le Titre de Gouverneur du Gevaudan, & devint ſi inſuportable à ceux même de ſon parti, que le Marechal de Chatillon rebelle à l'Egliſe & au Roy, mais exact obſervateur de la diſcipline Militaire le retira de Mende adroitement, ſous pretexte d'aſſieger un Château voiſin de cette Ville. Cependant aprés cette entrepriſe il y rentra avec ſes Soldats les plus Mutins, & ne voulut plus en ſortir, non pas même quand la paix fut publiée enrre le Roy & les Religionaires. C'eſt pourquoi l'Evêque, le Chapitre, le Clergé pour obtenir de lui la liberté & la tranquilité s'obligerent à lui acheter dans le bas Vivarez la Baronie de la Gorſe, qui couta vingt & quatre mille écus. Mais avant ſon depart il falut lui donner cent Charrettes & quatre vingts-deux Mulets pour y porter dans ſon Château toutes ſes rapines, les precieux ornements des Egliſes pillées, les Meubles de petit volume des maiſons depoüillées, & plus de deux cents mille livres qu'il avoit amaſſé par des Taxes & exactions arbitraires, outre deux cent marks d'argent qu'il avoit en reſerve.

Il ſembloit que la fureur des Heretiques étoit étouffée par les ſoins que le Roy avoit pris d'arrêter leur revolte & d'en prevenir les dangereuſes ſuites. Cependant les Huguenots de Marüejolz, de Chirac, de Saint Leger de Peyre, & de pluſieurs Paroiſſes Voiſines s'étant Liguez enſemble le 27. Juillet 1584, vinrent de nuit avec des petards & d'autres pieces d'artillerie aux portes de Mende pour ſurprendre cette Ville, & aïant trouvé les Herſes abatuës, ils eſſaïerent de monter ſur les Remparts par eſcalade. Mais la Garniſon de la Tour de Freſquet avertie par une ſentinelle les repouſſa ; de ſorte que n'aïant pû reuſſir dans leur malicieuſe entrepriſe il ſe retirerent au de-là du pont nôtre-Dame, où ils tuerent au point du jour trois Habitans qui alloient à la Campagne.

Les mêmes Huguenots attaquerent un mois aprés la Compagnie du Capitaine Meynier & celle du Capitaine la Roche qui étoient en courſe prés du Villar, au Voisinage de Chanac, & les aïant mises en fuite, non seulement ils les poursuivirent jusqu'à une Metairie où elles firent leur retraite pour pouvoir se deffendre, mais ils les taillerent en pieces. Car ils leur tuerent environ quatre-vingts hommes, & aprés avoir fait passer au fil de l'Epée toutes les personnes de cette maison, ils l'a brûlerent.

Un autre jour aïant rencontré le Sieur de la Garrigue avec son Valet, un Muletier, un Païsan, & quelques autres Catholiques, il les assommerent à coups de crosse d'Arquebuse.

Ils s'efforcerent de s'emparer du Château de Severette, du Sieur Etienne Moure. Mais assisté d'un bon nombre de Soldats qu'il y entretenoit à ſes depens, il le deffendit ſi vigoureuſement, qu'il le conſerva dans l'obéïſſance du Roy, pendant tous les troubles de l'Etat. C'eſt pourquoi Sa Majeſté lui accorda une exemption de toutes les contributions ordinaires, & le mit ſous ſa protection & Sauvegarde ſpecialle en reconnoiſſance de ſa fidelité, avec permiſſion de poſer ſes Armoiries Royalles, aux avenuës & entrées de ſes Maiſons, Terres, & Seigneurie. Ces Vagabonds fruſtrez de leurs eſperances allerent ſe ſaiſir du Château & du Bourg muré de la Garde Guerin apartenant à Monſieur de Morangiez qui étoit bon Catholique. Tandis qu'ils firent cette priſe, la Garniſon de Mende fit celle du Château de

Cogoussac, où elle tua le Sieur de Fontanille.

En 1586. la peste commença à se declarer dans Mende, elle dura huit mois & fit mourir huit cents personnes, parmi lesquelles, il n'y eut que cinq ou six de distinction, dont le Sieur Issartel Chanoine, l'Abesse de Mercoire, & un Consul étoient les plus considerables.

Monsieur de Faussuze Gouverneur du Gevaudan fit commencer le Fort de Mende le 15. Janvier 1593, prés de la porte d'Angiran, dans l'endroit ou est à present la Chapelle des Penitens, & on y travailla avec tant d'Ouvriers & tant de diligence, qu'elle fut achevée à la fin du mois d'Avril suivant. Il y mit en garnison une

Compagnie de cent hommes d'armes.

Le Duc de Ventadou l'un des Chefs des Huguenots vint Assieger Mende en 1597. Monsieur de Faussuze apella au secours de cette Ville le Duc de Boüillon premier Marechal de France, qui se trouvoit en Auvergne dont il étoit Comte., aussi-tôt ce Prince mena mille hommes d'Infanterie ou de Cavalerie, & il prit son quartier à Badaroux. Mais quelques jours aprés ces deux Seigneurs & plusieurs autres eurent ensemble à Chanac une Conferance, dans laquelle il fut conclu que le Fort de Mende seroit rasé, & que le Sieur de Faussuze se retireroit en renonçant à son Gouvernement.

Pendant que les Huguenots

étoient Maîtres de toutes les Sevenes, le Roy permit qu'une Senechaussée fut établie à Mende, parceque la route de Nimes étoit impraticable aux Catholiques du Gevaudan; mais aprés que le Roïaume fut en paix, l'Evêque & le Presidial de Nimes demanderent la supression de cette Cour, à Sa Majesté qui l'accorda. Ainsi en 1598. le Baillage fut remis, & il administra la Justice dans la Salle du Clergé.

Le 18. Janvier 1605. pendant que le Sieur Jean Mauras Prêtre Beneficier de la Cathedrale de Mende celebroit le Saint Sacrifice de la Messe sur les neuf heures du matin dans la même Eglise, aprés l'Offertoire, avant la Preface, le Sieur de Villefort Frere du Vicomte

comte de Polignac accompagné de quelques hommes armez d'épées nuës, tira un coup de pistolet au Baron d'Apchier qui étoit à genoux dans la Chapelle ou se disoit la Messe, & le blessa mortellement. Le Prêtre effraïé s'enfuit avec le Calice à la Sacristie & il se depoüilla des ornements Sacerdotaux. Le Sieur d'Apchier étant mort dans trois jours, ses parens firent des procedures, par lesquelles deux Commissaires du Parlement vinrent faire des enquêtes, & conduire le meurtrier refugié dans le Palais Episcopal à Toulouse, où il eut la tête tranchée en la place des Salins le 26. Mars de la même année.

Michel Nostradamus avoit predit cette vilaine action dans la

Centurie douziéme de ses Propheties ainsi :

Six cents & cinq trés-grand nouvelle.
De deux Seigneurs grosse querelle.
Dedans le Gevaudan sera,
A une Eglise aprés l'Offrande
Meurtre commis. Prêtre de Mende
Tremblant de peur se sauvera.

La Riviere du Lot se deborda tellement le 13. 14. 15. d'Octobre en 1608, qu'il inonda tout le pré Vival & les terres Voisines. En même tems le Torrent de Merdanson remplit de ses eaux les prés qui sont aux deux côtez de son cours, celui des Peres Mineurs Conventuels, le bas de leur Couvent & toute leur Eglise.

Sur le bruit d'une grande émotion des Huguenots des Sevenes en 1615. le Roy à la priere des Catholiques du Gevaudan nomma le Marquis de Portes Gouverneur de Mende, où il commença d'éxercer dignement sa Charge.

Depuis ce tems-là il ne se passa rien de remarquable dans cette Ville; mais pendant que Monsieur de Marcillac étoit Evêque il y eut tant de broüilleries entre lui & les Habitants au sujet de la marque des Serges, de la Leide, des Fossez, du Droit de Courtage, & du poids, qu'il se forma deux partis, dont les uns qui soutenoient les interêts du Prelat étoient apellez Marmeaux, & les autres qui défendoient la liberté de la Ville se nommoient Catarinots. Ces differentes pretentions causerent des Troubles, des Haines, des Inimitiez, des Querelles, & des Bateries ; les Catarinots marchoient armez de gros bâtons, & frapoient les Marmeaux qu'ils rencontroient. Il se fit des Libelles diffamatoires, des vers Satiriques, & des Chansons outrageuses de part & d'autre. Monsieur de Marcillac pour remedier à un tel desordre fit venir des Sevenes de ce Diocese cinq ou 600. hommes à Mende. Durant leur sejour on tint un Conseil General, où il fut deliberé qu'on proposeroit à Monseigneur l'Evêque de remettre la decision de ses demandes au Conseil du Roy, & que la Ville y soumettroit les siennes.

De ſorte que le Prelat aïant accepté cette propoſition, les Troupes furent renvoiées ; il partit pour Paris ou il mourut d'apoplexie ; la Ville y deputa M. de Celets Threſorier de France, Monſieur du Cheyroux Fils du Sindic du Païs, & Monſieur Harlet Avocat. Ces deux derniers Deputez y trouverent auſſi leur tombeau. Cependant Monſieur de Serroni fut nommé Evêque de Mende, & aprés ſon arrivée, la Ville lui ceda tout ce qu'elle avoit conteſté à Monſieur de Marcillac.

Ainſi finit cette facheuſe affaire dont le Narré n'eſt pas ſi agreable que le recit que je va faire. Monſieur de Serroni voiant dans ſon premier Sinode pluſieurs Curés qui à l'exemple de Monſieur de Marcillac avoient la Barbe aussi longue que celle des Capucins, les obligea à la faire couper. Il n'y eut que le Sieur de Coutel Prieur de Bagnols qui voulut conserver la sienne, jusqu'à ce que le Prelat le menaça de la prison, soit parceque'il parloit trop librement de son Ordonnance sur cette rasure, soit parcequ'il refusoit de quitter le sabre qu'il avoit accoûtumé de porter attaché à une Echarpe de tafetas noir qui lui servoit de ceinture, quand il venoit à cheval en cette Ville, disant que nôtre-Seigneur l'Evêque des Evêques avoit commandé à saint Pierre le premier des Curez d'en acheter un.

En ce même tems une vieille Fille Devote nommée Florette, qui menoit une Vie austere & trésédifiante parcourut les ruës tous les jours durant quelques Semaines, criant de toutes ſes forces à chaque Carrefour *Penitence* & *Abſtinance*, & quand on lui demandoit la raiſon d'une telle predication, elle repondoit : que ſuivant une revelation qu'elle avoit reçûë du Ciel, Mende ſeroit ſubmergé par un debordement du grand reſervoir des eaux de la Source des Fontaines qui eſt à la Vabre, en punition de l'yvrognerie des Habitans. Mais on l'a fit ceſſer de Fanatiſer, & on continüa de boire avec excez, comme on fait encore apreſent malgré les Loix Divines & Eccleſiaſtiques.

Cette inclination pour la bouteille ne dominoit pas ſeulement ſur les Hommes ; les Femmes s'y laissoient aller aussi. L'Epouse d'un Chapellier qui avoit vuidé la sienne entra un jour en fureur contre son mari, & le chargea de coups, & d'injures avec tant de bruit que les Voisins accoururent au secours de ce bon Tobie. Mais ils ne se contenterent pas de lui avoir rendu ce service ; ils tinrent conseil ensemble & delibererent de publier cette avanture par une ceremonie impie & superstitieuse qui étoit ancienne dans Mende, & qui depuis a été sagement abolie. Elle avoit été établie pour chatier l'insolence des Femmes qui ne regardent pas leurs maris comme leurs Superieurs, & la lacheté des maris qui ne sçavent pas faire valoir leur superiorité sur leurs Femmes. Lors donc qu'une Femme

Femme avoit battu son mari, le plus proche Voisin montoit sur un âne tournant le dos à la tête, tenant d'une main la queüe, & de l'autre une statuë ou figure de Saint Pierre, & criant dans les rües que ce Saint Excommunioit les maris qui se laissoient battre par leurs Femmes. Il étoit suivi de tous les autres voisins & d'une multitude d'Enfans. Aprés avoir fait le tour de la Ville, ils alloient souper ensemble aux depens de l'Homme bâtu qui étoit obligé de les paier. Car autrement on renouvelloit le lendemain la même Bachanalle.

Il y avoit alors une coûtume qui n'étoit pas moins criminelle. On se bâtoit souvent en Düel pour de sujets trés-legers. Six Gentilshommes trois contre trois, Monſieur de Saint Point, Monſieur de Meyronne & leurs Compagnons ſe bâtirent du côté de Saugues, & moururent tous de leurs bleſſures. Il ſe fit un ſemblable combat proche Florac, entre Mr. de Montvaillant, & Monſieur de Montbrun. Un autre prés du Bleymar, & un autre au Rouſſel à la vûë de Mende entre Monſieur de la Roche le Cadet, & Monſieur Ouvrier de Rieutort qui demeura ſur le carreau, tandis que ſon vainqueur s'enfuit à Paris, où il acheta une charge dans la maiſon du Duc d'Orleans Frere du Roy.

Ces deteſtables Düels furent ſuivis d'un évenement tragique qui donna de l'horreur à toute cette Ville ou ils arriva. Le voici : Mademoiſelle Roux Veuve de Monsieur Harlet Avocat avoit reçû de l'un de ses Debiteurs la somme de mille écus. Un homme informé de ce paiement se glissa sur la brune dans sa maison par la porte du derriere qui repondoit à une rüe étroite, & quand la Servante fut sortie pour aller faire une commission de sa Maîtresse, il mit le verrou à celle du devant. Ensuite comme on conjecture, il demanda la bourse à cette Veuve, & sur son refus il lui coupa la gorge avec un petit couteau de vil prix. Il ajouta à ce cruel meurtre le vol des trois mille livres & se sauva. La Servante à son retour trouvant la porte par ou elle étoit sortie, fermée entierement hurta plusieurs fois, & lassée de battre du marteau elle apella des Voisins qui passerent avec elle par l'autre qui étoit à demi ouverte ; on monta à la Chambre de la Demoiselle. On là trouva sur le pavé égorgée, couverte de sang, decoiffée, & tenant à chaque main une touffe des cheveux de son assassin. On aperçut aussi son Coffre bouleversé & une Cassette sans argent, de même que l'instrument de sa mort. Les Officiers de la Justice avertis firent toutes les enquêtes possibles sans decouvrir le Criminel ; quoi qu'un Huissier par leur ordre exposat tous les Dimanches à l'entrée de la Cathedralle dans un Bassin durant la matinée le petit couteau mentionné, pour sçavoir à qui il avoit apartenu. Mais on n'eut jamais aucune preuve suffisante. De ſorte que ce noir attentat à toûjours demeuré impuni.

Il n'en fut pas ainſi des voleries de trois inſignes Filous, nommez la Romieve, le Baſque, & Birou qui avoient fait deſerter les bains de Bagnols en y eſcamotant tous les Etez des Bourſes, des Habits, & des Linges; car on les gueta avec tant de diligence, qu'on les prit l'un aprés l'autre en divers endroits, & qu'on en delivra le Païs en le faiſant pendre ſeparement dans la Place des Penitens. Le premier étoit de Bagnols, & les autres deux de Saint Etienne du Valdonez.

Sous l'Epiſcopat de Monſieur de Piencourt on vit une ſcene trés ſurprenante. La Fille d'un Artiſan agée de vingt-trois à vingt-quatre ans qui paroissoit assez mondaine forma le dessein de passer pour Sainte. Dans cette vûë elle s'attacha à une Veuve Devote d'un Esprit bouché, & s'associa à ses bonnes œuvres. Peu à peu elle se contrefit si adroitement, qu'elle lui persuada que Dieu la favorisoit de graces extraordinaires. Cette Femme credule ajoutant Foy à ses mensonges commença de publier sa vertu parmi les Sœurs du Tiers Ordre de Saint Dominique aux quelles elle étoit agregée. Les unes d'un côté & les autres de l'autre rependirent le bruit de ces faveurs Celestes. Quelques Ecclesiastiques curieux s'informerent du Confesseur de la Sainte pretendüe, si sa pieté étoit telle qu'on la disoit. Trompé par l'Hypocriſie de ſa Penitente il leur declara qu'elle étoit merveilleuſe. Le Prelat averti voulut la voir & lui parler, elle eut une conferance avec lui & pour n'être plus obligée d'être interrogée elle ſe mit au lit diſant qu'elle ne pouvoit ſoutenir les douleurs interieures que la Meditation des ſouffrances du Sauveur lui cauſoit; elle y demeura onze mois ſans ſe lever non pas même les Dimanches & les Fêtes pour aſſiſter à la Meſſe, & ſans prendre aucun aliment. Mais avant que de ſe coucher pour ſi long-tems elle cacha derriere ſon chevet un petit pot d'Argille noiratre à l'inſçu de la Veuve, à qui elle racontoit tous les jours ſes nouvelles viſions feintes. Elle couvrit premierement ſon front comme d'une croute , ensuite le nez, puis les joües petit à petit, aprés le menton & la moitie des levres ne laissant au milieu qu'un trou par lequel une grosse feve auroit eu peine d'entrer. Enfin elle prit si bien ses mesures qu'elle joignit toutes ces croutes ensemble avec son argille & en forma un masque qu'elle couvroit de ses coifes en les serrant contre les extremitez. La Veuve qui étoit pauvre ne mangeoit que du pain & des Chataignes. Ainsi pendant qu'elle dormoit la nuit la Sainte se levoit & mettoit de ce Fruit sec dans un Goubelet de Fer blanc avec un peu d'eau & s'en nourrissoit. Cependant le Directeur persuadé que Dieu éprouvoit sa Servante par une infirmité si particuliere, &

qu'il

qu'il l'a faisoit vivre par Miracle, racontoit au Seigneur Evêque & à d'autres personnes les impostures qu'elle lui debitoit dans ses entretiens. Le Prelat donna tant de creance au temoignage de ce Prêtre qui avoit de l'érudition, que Mr. l'Archevêque d'Albi étant venu à mende accompagné d'un Jesuite, il leur exposa l'état prodigieux de la Beate; ainsi ils la visiterent, & l'aïant entenduë discourir des choses Spirituelles d'un air touchant, ils ne firent pas difficulté d'assurer que Dieu avoit suscité cette Fille pour fortifier la Foy naissante des nouveaux convertis des Sevenes. Mais quelqu'un aïant dit à Monsieur de Piencourt qu'il faudroit pour ôter tout soupçon de fourberie la faire garder à vüe, il envoia son Valet de Chambre & Monsieur de la Bretoigne le Cadet auprés d'elle avec ordre de l'observer durant trois jours & trois nuits. C'est pourquoi ces deux jeunes hommes s'aquitterent exactement de cette commission, & faisant semblant la troisiéme nuit de dormir s'aperçurent qu'elle soulevoit l'incrustation du visage pour porter sa main à la bouche. Aussi-tôt ils decouvrirent sa ruse, couperent le masque avec des Ciseaux, fouillerent son lit, trouverent le Goubeau plein de Chataignes trempées dans l'eau & furent raporter leur decouverte au Prelat, qui en étant étonné & fort affligé assembla dans son Palais des Ecclesiastiques éclairez pour deliberer avec eux ſur ce qu'il y avoit à faire dans une avanture ſi ſcandaleuſe, & ſi intereſſante pour la Religion.

Il fut conclu qu'on enfermeroit cette miſerable hypocrite dans le Monaſtere des Urſulines, & qu'on mettroit aux portes de toutes les Egliſes de ce Dioceſe des Affiches, ou ſa conduite artificieuſe ſeroit manifeſtée au Public. Aprés quelques mois les Religieuſes demanderent inſtamment qu'on la mit ailleurs, & on la changea à l'Hopital, ou en peu de tems elle mourut de Tabidité, de chagrin, & de confuſion. Je ne puis mieux finir ces Memoires que par la Deſcription de Mende.

Cette Ville eſt dans la Province & Gouvernement du Languedoc, dans la Generalité de Montpellier, dans le Ressort du Parlement de Toulouse. L'Evêque en est Seigneur & Gouverneur. Il y a environ cinq mille Personnes; un Baillage d'où on peut apeller au Presidial de Nimes; un Grainier à Sel; une Manufacture de Serges & de Cadis; quatre Foires tous les ans, deux Marchez chaque Semaine; une Commanderie, un College, un Seminaire; des Capucins, des Cordeliers, des Carmes, des Freres des Ecoles gratuites, des Sœurs d'un semblable Institut, des Filles de l'Union Chrêtienne, des Religieuses Ursulines, une Compagnie de Penitents, une Congregation de Sœurs du Tiers Ordre de Saint Dominique, un Hopital avantageuſement renté, trois Receveurs des Tailles, une Marechauſſée, trois Fontaines Publiques, dont les Eaux viennent originairement d'une concavité qui eſt au deſſus de la Montagne de Mimat. Elle ſe remplit des pluïes, & par des Conduits Souterrains naturels qui penchent vers le Vallon de la Vabre elle ſe vüide partie dans le trou du Rocher d'où ſort le Torrent de Merdanſon, partie dans le grand Reſervoir d'où les Eaux ſe diſtribuent en divers quatiers de Mende.

Le Terroir produit du Froment, toute ſorte de Fruits, & d'Herbages ; cette Ville à toûjours conſervé la Foy Catholique, quoiqu'il y ait eu beaucoup d'Heretiques dans son Diocese jusqu'à leur reunion à la Sainte Eglise. Elle à pour son Patron Saint Privat qui a été Mertirisé il y a quinze cents ans, & auquel tous ses Habitans ont une confiance & une Devotion particuliere. Ils Celebrent avec grande Solemnité sa Fête le 21. jour du mois d'Août.

FIN.

ERRATA.

Folio 56. *ligne* 1. tüer alloit *lisez* alloit tüer.

fol. 60. *ligne* 12. defit *lisez* defi.

TABLE.

Des choses contenuës en ces Memoires sur Mende.

TABLE.

TABLE.

Fin de la Table.

www.ingramcontent.com/pod-product-compliance
Ingram Content Group UK Ltd.
Pitfield, Milton Keynes, MK11 3LW, UK
UKHW020358230726
13925UKWH00003B/1178